가을이 익어가는 날
소중한 인연 모두 행복했으면 좋겠습니다
2025년. 감사를 담아

이혜란 드림

오후 그림자에게

오후 그림자에게

초판 발행일 2025년 9월 1일

지은이 **이혜란**
발행인 **김미희**
펴낸곳 **몽트**

출판등록 2012.12.20 제 2014-0000-38호

주소 안산시 상록구 화랑로 513 2층 24호
전화 031-501-2322 팩스 031-501-2321
메일 memento33@menthebooks.com

*이 책은 안산시 문화예술진흥기금 일부를 지원받아 제작되었습니다.

값 15,000원
ISBN 978-89-6989-111-2 13810

오후 그림자에게

이혜란 시집

「시인의 말」

문득
마음에도 색을 입힌다면
어떤 감정들이 녹아들까? 궁금했습니다.

일상을 다림질하면서
가장 슬플 때 오히려 너스레를 떨고
가장 아플 때 시치미를 떼고 싶어지는
모순과 진심사이
익지 않은 바람에게
기대없이 전하는 혼잣말 같은
문장들이 모여 시가 되었습니다.

파문처럼 잔잔하게 번진 마음 조각들이
일상의 틈새에서 건져 올린 작은 숨결들이
상실과 사랑사이
절망과 갈망사이에서
흔들릴때마다
삶이 던지는 물음표들 앞에서
잠시 멈추고 뒤를 돌아본
내 모습이 보입니다.

이 시집을 만나는 누군가의 가슴에
늘 곁을 지키는
한 줌 햇살같은 따스한 쉼과
오후 그림자가
되어주기를 희망해봅니다.

사랑과 감사를 전하며

2025년 가을
이혜란 드림

「 목 차 」

시인의 말   4

제1부

하얀 비움   11
가짜뉴스   12
갈림길에 서면   14
머니뭐니?   16
아바야 & 히잡   20
한끗차이   22
말 무덤   24
라플레시아   26
채비의 간극   28
그날   30
품삯   32
소심한 아이   33
휴대폰   34
흑백논리   36
베이비 박스   38

제2부

다락방 & 모바일   43
쥐덫   44
달짝지근해   46
거미의 등반   48
누가 울어   50
발칙한 상상   52
카라바조   54
옛날 옛적에 신기료 장수   56
편지   58

볼라도레의 구애	60
발상의 전환	62
판을 뒤집다	64
카룸호수	66

제3부

넝쿨장미	69
부활초 변검시작하다	70
베짜기새	72
흰발농게의 밀롱가	74
보호색	76
서약서	78
우유니 사막	80
장수비결	82
귀뚜라미 사모곡	84
고정관념을 깨다	86
부모	88

제4부

시 앓이	91
아버지의 지게	92
발다닥의 넋두리	94
너스레 & 시치미	96
안부	98
물멍에 빠지다	100
MRI	102
넝쿨장미 말을 걸다	104
큰콧방울새	106
빈자리	108

카네이션	110
공범	112
한도초과	114
미래지향적	116
색이 말을 걸어 오는날	118
트라이앵글	120

제5부

파문	123
오후 그림자에게	124
못다한 말	126
한발의 차이	128
연주를 부탁해	130
가을	132
먼지버섯 날다	134
메꽃 수다방	136
자투리 휴休	138
연애 상담소	140
건망증	142
창 너머로 흐르는 시간	144
신발	146
마른풀의 노래	148
빛과 어둠 사이, 존재의 결을 쓰다	150

| 발문 | 208 |

제1부

「그래 날자」 2024. 환경미협 전시작

하얀 비움

문장에 흰 거즈를 덮으면
더 하얗게 처연해질까

날카로운 너의 모서리도
색을 벗기면 투명해 질까

면도날을 여러 개 뭉쳐
분노를 수술하면 더 하얗게 질릴까

혀 밑에 숨겨둔 은밀한 모국어처럼
하늘과 땅의 경계를 지우고 싶은 안개
관광 홍보물의 엽서처럼 선연하다
파르르 시리다

시간에 갇혀
죽었던 것들이 다시 살아나는 비움
백지처럼 하얗게
백치처럼 하-얗-게 웃는다

가짜뉴스

키가 큰 것들은
아슬아슬해서 슬프고
내려다보면 막막하였다

귀가 얇은 것들은 서둘러 눈을 떴고
바람 불 때를 기다려 신발 끈 풀었다

그날 밤
풀린 신발 끈에서 떨어져 나간 씨방들
산 아래 묵정밭에 어린 의혹 심어놓고
풍선 부풀리듯
후-후 몸을 키웠다

밤사이
산 하나를 거뜬히 먹어 치우고도
허기진 비뚤어진 입들은
별을 몽땅 따다 한 입에 털어 넣은 후
뒤통수 따갑게 노려보던 달항아리마저

냉큼 삼키고 눈만 깜박거렸다

그 후로도 오랫동안 키가 큰 것들은
빈 깡통 뒹구는 소리에도
움찔움찔 몸을 떨어야 했다

갈림길에 서면

그것 보세요
갈림 길에 서면
둘 중 한 곳으로 가야만 합니다

분명 손에 잡고 있던 개 줄은 그대로인데
개 목줄을 잡고 있었던 그도
앞서가던 개도
어디론가 끌려가고 있습니다

그러고 보니
한쪽으로 기울어진 고개가
잠들 때도 깨어 있을 때도
개 밥그릇 쪽으로 돌아가 있습니다

넥타이를 바짝 맨 사람들 뒤로
밥그릇 지키려 흔들어댄
축 처진 꼬리가 보입니다
다시 돌아가기엔
늙어버린 혀가 말을 아낍니다

또 갈림길에 섭니다

개 줄을 내려놓은 손으로
낡은 구두 벗은 발에
새 신발 끈 바짝 조여 봅니다
넥타리를 풀어버린 목구멍으로
뜨거운 바람 한 줄기
훅 달려듭니다

머니뭐니?

나의 공복을 기웃거리는 너
올라가 본 적 없는 언덕 위
끝이 보이지 않은 계단 아래서
얇은 지갑은 주머니 속을 파고 숨었다

머리 가슴 배 다리
옷을 벗어놓듯 참새 한 마리
깃털 하나씩 풀어 무덤을 만든다
포장마차 비닐처럼 흔들리는 별 보며
갈망하던 자유와 의무 사이에서
고뇌의 밤이 깊어질 때면
참새의 자유를 잘근잘근 씹었다

제대로 발 한번 떼어 걷지도
주저앉지도 못하는 청춘의 모순
그 깜깜한 터널을 건널 때
붉은 눈물을 닦아주던 소주의 비애
머리 하나에 설계도를
가슴 위어 토목공사를
배를 가르며 벽을 쌓아 올렸고
다리 하나에 지붕을 얹어
밤새 집을 지었다 아침이면 허물었다

찢긴 검은 비닐 같은 너와 나의 이십 대
쓰디쓴 소주로 소독한 시린 바람은
뼛속 귀퉁이까지 기어이 더듬고 나서야
숙취에서 깨어나곤 했다
치열한 여름과 광적인 한기
그 많은 좌측과 뒷 골목을 기웃거려도
자주 곤경게 빠진 눈동자들은
그곳에 닿지 못했다

먼 훗날
나의 공백에게 호락호락 다가오거든
그 발자국 기억하는 너는
얇은 지갑 속에서 나오지 못한
어둑한 오기 같은 거였다고
겨우 허락된 분노였다고
가슴 쫙 펴고 당차게 서 있는
신촌 로터리 호프집 간판 앞에서
호탕하게 말해줘

머니뭐니?

아바야 & 히잡

어디 한 번 기 쓰고 손바닥 펴봐
하늘 가릴 수 있나

전통 고추장처럼 부글부글 발효된
열두 겹의 분노
삼 년 만에 항아리 뚜껑 밀치고 뛰쳐나왔다

짙은 화장 속 감춘 너의 민낯
메스로 배를 가르면
섣부른 기대로 가린 다섯 개의 앙큼한 벽
갈비뼈 틈 파고 숨어도

사랑받은 적 없는 아이는
머릿속 세 갈래 갈림길에서
고장 난 엘리베이터 문처럼 아가리 벌린 절망을
어미 젖꼭지 빨 듯 꼴깍꼴깍 삼켰다

어제가 목쉰 울음을 삼키면
배고픔을 견딘 오늘을 낳고
함부로 버려진 인형처럼
방바닥에 늘어붙은 내일도
아이는 엄마 그림자만 붙들었다

아이의 방은
빌라 옥상 위 사각 김치통
아홉 벌의 검은 비닐 옷으로
꽁꽁 싸맨 거짓말

그곳에
아무도 없었다

그리고! 모두 있었다

* 하은이 사건을 보고

한끗차이

빈틈없는 직선이 질책같아서

낮술에 취한 듯 비틀비틀
중앙선 걸친 앞차
어-어 하는 사이
몇미터쯤 달리고 나서야
거친 발길질 온순해진다

잘못 판단한 길
빠-방
다급한 염려 알았는지
미안함과 고마움 깜박깜박 전한다

생각 한 번 삐끗해 잠시 벗어난 길
네 마음과 내 마음이
점선과 실선사이 발 하나 걸치면
네 일이 내 일이 되기도 하는

접근금지
주차금지
출입금지
선악의 경계에
허리 낀 금지들 비틀거릴 때가 있다

담 밖은 흐리고 바람불어
마음결 닫아 걸고 너를 밀어내다
내가 갇힐 때도 있지만

실선과 점선은 한 끗 차이
금지를 뒤집으면 지금이다

말 무덤

말이 달린다
말이 뛰어간다

허기진 말들이 허공에 매달려
태양의 발 걸어 넘어 뜨린다
높아진 목청이 어깃장을 놓으면
모퉁이로 기어드는 키 작은 말

갈기를 흔들며 말이 뛰어간다
송산에서 전라도까지
제주에서 로마까지

눈뜨면서 잠 속에서
수선떨다 흘린 말
헤아리다 잊어버린 말
하려다 놓·친·말
뾰족한 말
달리다 걷다 앉았다 눕는다

아직 태어나지 못한 말
입속 무덤에서 뒤척이고
밤하늘 별 헤아리다 잠이 든 말은
꿈속을 달리는 중이다

아직도 끝나지 않은 말
아침이 될 때까지
히이잉 히이잉

라플레시아

남의 땅에 슬쩍 발부터 심어놓고
금식을 시작했습니다

턱없이 몸만 부풀어 들키는 날엔
힘겹게 재단한 열두 폭 치마
입어보지도 못하고
애간장만 태울지 모릅니다

숲세권 열풍타고
어화둥둥
돈냄새 진동할 때
땅집고 헤엄치기
서너 배는 거뜬하다는 떳다방 소문
배고픈 발바닥 들썩이게 합니다

발 먼저 심어야 돈방석에 앉는다는
부동산 정보 홍수 속
팔을 자르고 몸을 낮춰도

열두 폭 후리지아 치마 속 큰 얼굴 들킵니다
치마 크기가 허세에 비례한다면
옷의 가격을 매길 때
스몰과 엑스라지의 차이는 몇 평일까

눈치 빤한 파리떼 몰려옵니다
시체꽃 송장화 고기꽃 오명 견디며
한 달 공들여 만든 치마
일주일 만에 쓰러진다는 말 따윈
돈돈돈
똥똥똥
듣고 싶은 말만 귓속을 파고듭니다

다음날
열두폭 치마폭에
당신을 사랑한 숲 하나 뭉져 누었습니다

채비의 간극

준비없는 것에는 발이 없다

삶이 몸통째 베어져
허망과 마주할 채비를 한다

잔기스 투성이로 떠나는 여행길에
하늘도 무너질 준비를 한다

전리품 같은 예순다섯 겨울밤
딱지로 눌러 앉은 흉터마다
이 악물어도 비집고 나오는 시린 말

일몰을 끌고 가는 하루의 끝에
앙상한 핏줄로 배웅하는 담쟁이
환한 고요가 흑빛되어 주저앉지만

미진과 미련은 첫말 잇기처럼
희망을 낚시질할 채비를 한다

어둠을 밀어내고 새벽이 오는 것처럼
준비 없는 것에도 틈은 있었다

그날 _241203

날벼락은 천둥소리도 없이
담을 넘었다

귀를 부릅뜨고 잠든 너는
뒤통수 호되게 얻어맞고 나서야
몸 벌떡 일으켜
주춤거린 침묵과 헛기침을 곱하고
망설임을 빼기로 한다

동그라미 바깥은 촘촘한 어둠
식지 않은 바람이 눈을 뜬 거리에는
습자지처럼 얇아진 잠을 벗고 나온 사람들
종종걸음으로 촛불을 따라
등을 맞대고 모여든다

241203
분노가 하나둘씩 켜질때마다
파르르 진저리 치던 거친 말들은
아홉 개의 줄이 켜켜이 접혔을 때 내는 아우성 같았다

피라미드 꼭대기 앉은 너는
돌이킬수 없는 말을 던져놓고
서둘러 반죽한 시멘트를 부었지만
기포구멍을 사방에 남겼고

촛불은 냉정을 잃지 않기 위해
마리오네트 인형극에 길들여진
아홉 개의 줄 가운데
발에 묶인 끈부터 자르고
거리로 나섰다

품삯 _돌돌이 청소기

날개 접힌 허욕들 명상중이다

수선스런 일상 속 각잡은 다짐
소나기 사선긋듯 내려 놓았다

등을 먼저 내줘야
너를 오롯이 안을 수 있어
마음 덜어낸 자리마다
떼쓰는 상흔을 가슴으로 안는다

용서로 덮는다

시간을 왼쪽으로 감으면
눈길조차 닿지 않던 구석
쌓이는 서러움처럼
오래 사랑받고 자주 슬퍼
웅크린 너에게서 깊은 먹 냄새가 났다

소심한 아이

염치를 생각하다
손바닥만 한 메모지
오른쪽 위
귀퉁이에 너를 놓는다

일곱 개의 획을 배열하는 것도
순서를 지켜야 하는 일
네 귀퉁이와 중앙중
자리를 배분하는 것도
마음을 내줘야 하는 일이다

지금이 되기 직전까지
어제를 달래고 윽박질러도
이따가 다음에는 될수 없어

그냥

왜?라고 적는다

휴대폰

우리는 단짝이다

손바닥 안
작은 우주
그 속에서 매일 만나는 우리

너는
세상과 통하는 출구
휴일 없이 열려있는 문이다

내 몸에 전원이 켜지는 순간
잠들 때까지 같은 곳을 바라보는 절친이다

우리는 같은 길에서
옛 연인의 이름을 부르고
내일 날씨를 묻고
운동량을 체크하면서
어제의 걱정까지 저장한다

단짝인 우리
사각 프레임 세상 안에서
시간은 더디 흐리고
기억은 클라우드 위에서 잠든다

흑백논리

졸다 눈 번쩍 뜬 사월의 봄

겨울같이 정리하지 못한 마음
바람에 휘둘리고 비에 젖다가
하얀 설레임도 찰라 우박이 되기도 한다

흰 외투 목까지 올리고도
울음 터트린 벚꽃거리
에어댄서 흑빛 얼굴로 진저리치고 있다

거리로 나온 외침은
고르지 못한 날씨를 탓하며 울분을 곱씹고
침묵은 내딛는 발을 무색하게 한다

흑과 백의 논리 이분법
움푹 패인 웅덩이
흑빛 하늘과 흰 구름을 모두 비추고 있다

맑은 하늘만 보여주겠다고 목청 높이는 거리
악수를 하는 손안에서
한쪽으로 기울어진 울렁증이 잘게 잘게 꿀렁거렸다

베이비 박스

별들도 훌쩍이다 잠든 밤
누가 옮겨놓고 간
바위산 같은 자책일까

고향 떠나 유학 온 지 일년 반
외로움에 살짝 기댄 어깨가 팔베개가 되었고
감출 수 없이 부푼 배는 아무렇게나 뱉어져
대학생 그녀는 미혼모가 되었다

동그라미 접으려다
멈칫멈칫,
세모에서 네모로 접기를 반복하는 동안
아이 이름은
구십팔만 원이었다가
삼백반 원이었다가
거위벌레 같이 말려 쇼핑백에 갇혔다

훌쩍이던 별마저 눈을 감은 밤
미주알까지 빠진 공복에
빈디 하나
힘주어 찍어둔 이유 몹시 궁금하다

제2부

「익어가는 계절」 2019. 예당 전시작

다락방 & 모바일*

양지와 음지의 구별이 뚜렷한 지역에서
집을 가지고 이주한 사람들은
색다른 언어에 은혜를 받아야
양지에서 수확한 땀방울을 먹을 수 있었다

한쪽 다리가 기우뚱 짧아진
나무의자에 기대
창틈으로 들어오는 햇살을 찍어먹던 아이는
모바일 속에서 검지 손가락을 키우며 자란다

익숙한 골목을 하나씩 지워
햇빛 지도를 만들며 집을 짓던 이주민들은
막다른 길에서 울며 매달리는 발바닥에
붙은 그림자를 떼어내 다락방에 숨기고
검지 손가락을 세워 모바일 속 일터로 간다

*경기미술관 전시를 보고

쥐덫*

너는 나의 폐허

철없던 학창 시절
장난삼아 던진 돌에
휴지처럼 구겨지고 찢어진 마음

잊을만하면 찾아오는 감기 같은
학폭 가해자라는 낡은 소문
내 편이라 굳게 믿었던
너마저 등을 보였지

극야로 몸살 앓던 멍든 낮 동안
먹어도 먹어도 헛헛한 마음
성포 도서관에서 물고 온 시집 일곱 권
질겅질겅 뜯다가
우걱우걱 삼키다가
잘근잘근 씹다가
그만, 세 마리 눈먼 생쥐 덫에 걸렸다

성처를 치료하려면
상처 위에 더 깊은 상처를 내야
새살이 차오르는 모순
손목에서 가장 가까운 상처부터
발목에서 가장 먼 상처까지
도망 아닌 희망이 되기 위한
넌 나의 지푸라기

죄책감보다 앞서 기다리던 너
하늘도 가끔 실수를 한다

* 추리소설, 아가사 크리스티 작.

달짝지근해*

거두고래 꼬리처럼 양 갈래머리 묶고
하얀 카라에 검정 교복
굽 낮은 단화로 달렸던 열아홉
너는 겁 없는 설부름이었다

의자 하나에 무릎 포개고 앉아
꾸벅꾸벅 조각 잠자는 별들
멋대로 이름표 달아주다

눈 하나만 감고 모로 서서
새벽녘 지장 찍듯
꾹꾹 눌러쓴 검불 같은 약속들은
비 오는 날 바다 위에 떨어뜨린 물감 번지듯
서툴고 예측할 수 없는 곳으로 흘러갔다

깊은 잠에 빠져서도 틀린 것을 말하기 위해
꿈속인 것도 잊고 선잠을 잤던 그때
선박 앞길 안내해 주는
당신을 먼저 만났더라면

먼 길 돌아
너를 만나러 가는 길
마음이 먼저 달려 나간 여러 번의 연습에도
열아홉 그날
바다 위에 떨어뜨린 물감처럼
심쿵심쿵 파도를 탄다

*영화 「달짝지근해」를 보고

거미의 등반

축제날만 골라
골질하던 소낙비처럼
가파른 골목 끝에 갇힌 너는
막 눈뜬 호기심 철렁철렁 때려눕힌다

긴 그림자 허리 뚝뚝 끊어내며
너에게서 등을 돌리면
일분 전 일도 막막한 옛일처럼
아득해지는 *절벽카페
노발대발 역정을 내는 허공
두려움 파고든 손톱 아찔하다

급정거할 선을 지나쳐버린 냉 가슴
세로줄에 매달려
주머니 밖 나온 적 없는 손
가장 낮은 곳 향해 겸손해지는
너에게로 가는 비명들
세필같이 가늘어진 길 위에
차마 선을 넘지 못한 발끝
홀로 가파른 한기를 견딘다

간절함의 끝은 차가움
사무침의 시작은 외로움이어서
동그라미로 그리움을 말하려다
얼어붙은 심장
커피잔 속에서 오싹오싹 녹는다

*중국 남서부 구이저우성 리보현 산꼭대기 절벽카페

누가 울어*

뭉치면 자갈이 되고
돌덩이가 된다고 믿었던 당신의 신념
못 올라갈 바위 헛 꿈을 꾸다
역마의 바람이 분다

숲이 되기 전
썩은 나무를 도려내
빈틈을 찾아가는 분주한 발길
줄을 서지 않은 당신을 위해
긴 줄을 대신 서 있는 사람들 속에
그녀가 보인다

어제는 보이지 않던 길들이 길을 더 넓히며 간다
날으는 카펫 위
비스듬히 몸을 기댄 그녀는
절망의 옷 과감히 벗어던진다

코끼리 세 마리 땀방울 닦을 손수건 하나
하트 카드를 입에 문 강아지
꽃다발로 만든 모자가 전부라서 더 이상 잃을게 없다

눈을 뜨면 사라질까
붓에 물감 묻히듯
가수 배호의 누가울어 노랫말
화폭에 꾹꾹 눌러 채색하며
사무치는 그리움 찾아가는 길
구름길 허공에 그녀를 걸어 두고
일생 누굴 보듬은 적 없는 당신은
사하라 사막에 가부좌를 틀었다

*천경자화가의 유채작품 제목

발칙한 상상

한도 초과한 편견을 사포질하다
가위눌린 듯
발칙한 상상속에 빠진다

쉼표를 물음표로 바꾸면
잔물결도 벌떡 일어나 삼바 리듬을 탈까

줄기가 부러지지 않을 만큼의
바람이 지나다니는 골목
위아래 문장의 행간을 나누듯
종종거리는 발목에 힘을 빼면
몇센티 각도로 넘어질까

숲에서 불어오는 바람 소리에
방지턱에 걸린 늙은 지도의 난감해진 은밀함
사타구리에 숨겨도 들킬까

지나온 생을 벗기면
부피로 계산해야 할가
너비로 계산해야 할까

발칙한 상상은
넘치는 것과 모자란 것 사이
어디쯤에서 자랄까

카라바조*

당신은
손에 칼을 쥐고 붓 칠을 한다

테네브리즘
무대조명이 켜지면
극적인 어둠 갈아 마시며
분노한 한 줄기 빛
빠른 걸음으로 붓 길을 걷는다

흑사병이 휩쓸고 간 도시
골목 끝 주점
술잔이 엎어질 때마다
도망자의 붓끝에서
빛으로 태어나는 성자들

당신이 살아온 격정적 어둠은
그림의 배경이 되고
운명에서조차 도망칠 수 없어
악마와 손 잡은 당신
빛 한 점 없는
비대칭의 구조 속으로
뚜벅뚜벅
거침없이 걸어간다

*빛과 어둠의 화가

옛날 옛적에 신기료 장수

구멍난 고무신
꾸덕꾸덕 말려 굽고
빵구난 양은 냄비
살짝 데쳐 무치고
손잡이 부러진 놋쇠 숟가락
고추장에 잘 버무려서
저녁 밥상에 올리자

갓바치 손끝 스리슬쩍 스치면
옷고름 저절로 붉어지는 구멍들
정강이뼈에 숭숭 뚫린
바람 같은 이야기 십 리 밖까지
물어 나르던 참새에게도
싸리 울타리 아래
멀건 옥수수 죽사발 걸어두자

더는 밖으로 뛰쳐나가지 못하게
더는 안에서 울먹이지 못하게
뱃가죽에 붙들어 맨
소실댁 한숨 토해내듯

신기리요 신기리요 허공에서 울자
신기리요 신기리요 마음 열고 웃자

편지

해탈이란 것이 말일세
고산지대 네팔 티베트 마을
발가벗고 하늘길 갈 때
죽어서도 육신 부여잡고 썩지 못할까 봐
산사람 몸 데울 땔감 나눌 염치없어
뼈 한 조각까지 땅에 내려놓는 보시라더군
욕심껏 퍼 담기만 했던
머릿속 비명에 대하여
망자의 일생을 심판하는
*돔덴의 빈틈없는 손길
독수리 발톱처럼 날카롭기만 한데
한눈팔지 않고 건너도
얼렁뚱땅 건너도
새털처럼 가벼워진 빈집의 고요
독수리 날개 위에서
무채색으로 흩어져 허공 길을 넘어간다네
야크는 풀을 먹고
사람을 야크를 먹고

독수리는 사람을 먹어

다시 태어나는 억겁의 윤회

만다라의 잔기침처럼

이생의 기억을

웩웩 게워낸다지 아마

*티베트의 천장문화

볼라도레의 구애 _기우재

삼십 미터 나무 기둥 끝
비명이 길이 된다

태양이 뜨거운 입김 불어 넣으면
멕시코 열도가 키운 개
사막의 바람처럼 달려 나간다

네 개의 불꽃
하루를 빛으로 물들이는
자유를 노래하는 영혼의 바람
화살같이 튕겨나가 들판으로
달빛처럼 속삭이듯 강물로
비와 태양의 신을 향한
별같이 반짝이는 기우재

너는 영리한 모험가
황금빛 햇살 두른 단거리선수
제사장의 북과 피리 연주에
바람보다 빠르게 하늘을 날아
구름을 낚아챈다

발상의 전환

편견의 틀
거꾸로 헤엄치는 메기
바닷속에 갇혔다

너는 거꾸로 흐르지만
물살을 거슬러 오르는 것은 아니다

또 다른 세상에서
물속의 그림자는 빛을 삼키고
검은 생각은 하늘을 향한다

가로와 세로로 가르는 세상의 잣대
햇빛은 강물을 자르며 내려 꽂힌다
모든 것이 정해진 방향대로 순하게 흐르때
너는 거꾸로 헤엄친다

잠시 돌아서 가도
바람이 나뭇잎 뒤집듯
파도가 바위를 깎아내듯
불편한 진실은 너를 멀리하지만
거꾸로 거꾸로
편견의 틀을 깨며 간다

뒤로 거꾸로
위와 아래의 경계가 뭉개지고 무뎌지면
너의 결백증 자유와 만난다

판을 뒤집다 *

두루마리 휴지 끝에 꽃물 스며들 듯
선한 행동 번지는 먹물
오솔길 걸으며 칼춤을 춘다

칼끝에 베이는 바람들이
깎이고 덜어낸 자리마다
어둠을 걷어내는 빛

끝이라 생각한 순간
한 땀 한 땀 수놓듯
목판 결을 걸어온
잰걸음의 손목
새로운 문을 만들며 복제의 시대를 연다

겉은 거칠고 날카로워도
속은 마냥 부드러운 당신
지워서 감추고 싶은
강물 같은 멀미의 무늬

깊은 선으로 살아나는 칼끝에서
판을 뒤집을 시간이다

*경기미술관 판화전시를 보고

카룸호수

태양도 녹아내리는 불에 땅 에디오피아
응어리진 대지의 한숨
바다보다 더 깊은 침묵으로
짠물을 들이킨다

호수 위를 떠다니다
사막의 손에 끌려간 하얀 노동자
소금꽃 인생 시작되는 그곳에서
서걱서걱 맥박이 다시 뛴다

예고 없이 쳐들어온 폭설
빛으로 부서지면 거울이 되는 당신
정육각형 입자로 써 내려갈 때
근육질로 더 단단해지는 자서전

하얀 기억은
긴장할 때 더욱 선명해진다

제3부

「마음 향기」 2016. 인사동 전시작

넝쿨장미

안산 상록수역 근처 삼거리
제일 장례식장
뼈만 추스른 몰골
빨갛게 울음 터트려
노잣돈 까발리고 있는 담벼락

영면에 드는 것이
사는 자의 몫인지
죽은 자가 치르는 마지막 의식인지
끝점하나 끼워 넣는 것이
새빨갛게 엉킨 핏덩이처럼 끈적끈적한데

남은 자의 피눈물 같은 붉은 봉우리
유언 한 마디 남기지 못한
망자의 바랜 입술
가시를 세워 움켜잡는 담벼락에
각혈하듯 뭉텅뭉텅 넘어지고 자즈러지고
통곡하듯 주저 앉았다

부활초 변검시작하다

부활을 꿈꾸는 그녀는 길위에 있다

눈물샘 마를 때쯤 시작된 거리 생활
바람에 구르다 멍들고 깨지고
신발에 밟혀 으스러져도
하늘은 빛났고 햇살은 푸르다

그녀 목에서 잠든 백 년의 갈증
소나무 둥처럼 갈라져
남은 거라곤 귀퉁이에 걸린
더듬이 같은 발가락 하나뿐
허공 향해 길을 찾는 내비게이션처럼
눈물 한 방울 그녀 목을 조른다

그녀를 거쳐간 남자들은
새벽닭이 울기 전에
예언을 남기고 모두 떠나고
다시 빈손되어 남은 그녀는

나이테를 칭칭 감고
백 년을 더 기다릴 테세다

환한 밤 꿀꺽 삼킨 까만 낮이
거꾸로 돌기 시작하면
백 년의 기다림 벌떡 일어나
마중 물 한 모금
물구나무 선 채로 그녀 목구멍타고
콸콸콸
새로운 얼굴 찍어낸다

베짜기새

한때는
울컥 스치던 풋풋한 입술을
더는 쪼갤 수 없도록
가늘어진 근육을 한 가닥씩 덧대고 꿰매
믿음으로 촘촘하게 엮었다

순한 청춘 싼값에 배달하던
빨간 우체통 속 고백
한 올 한 올 베틀고 끼워
온순한 그녀 맨발 데워주는 털신 짜듯
사랑도 쌓았다

언제라도 흩어질 준비되어 있는
먼지 같은 마음에도
돌아설 곳 없는 집 뜰
빈지갑처럼 펄럭이는 고단함 감추고
더 빳빳하게 목을 세운다

간지러운 속삭임
변덕스런 생각도 잠시
베인 입술로 그녀가
너의 이름을 부를 때
빈집 단칸방은 뜨거운 열애중

흰발농게의 밀롱가

어제 공연을 마친
빨간 춤을 리셋했어요
오늘은
하얀 스텝을 배울거에요

갯벌 위 허벅지 드러낸 농익은 조개
일광욕을 방해하기도 하고
가끔은
스텝꼬여 비틀거리기도 했지만
넘어지진 않았어요

마름모를 그리는 것은
더디지만 귀에 쏙 박히는 음률이에요

당신 손 잡고 그리는 동그라미는
구름 끝을 팽팽하게 늘려잡고
한 음씩 펼치는 음표 같아요

그림자 허리 감은 비릿한 바람
블라인드를 치고 달아나는 오후 다섯시

산책나온 나른한 시어들이
경단을 굴리고 있는 모래사장에는
사분의 이박자 탱고
하늘빛 파도 위를 뛰어와요

넋놓고 구경하던 조개들
하얀 드레스 펄럭임에 놀라
입술을 깨물었어요

보호색

나는 없다
나는 어디에나 있다

깊은 바닷속
물결이 침묵의 그림자로 나를 지운다

바위의 숨결을 빌려 돌이되고
산호의 몸짓으로 꽃이 된다
끝없는 변신 속
배역에 따라 흉내문어는
한 번도 같았던 적이 없다

어둠이 나를 집어 삼킬 때
나는 빛이 되기도 하고
빛이 나를 부를 때
나는 색으로 답을 한다

나는 있다
지금 나는 없다

내가 나를 온전히 잊을 때
비로소 나는 자유가 된다

서약서 _바다오리새

바위도
모래도
지나간 흔적은
기어이 지우고야 마는 파도
그러나
나의 길은 언제나 너에게 닿는다

하늘과 바다사이
흰물결 위를 스치는 그림자
나는 떠도는 것이 아니라
우리 사랑의 결실
그 작은 숨결을 품기 위해
너를 향해 되돌아가는 것이다

오직 한곳에 깃드는 마음
해일도 지우지 못한 맹세
한 사람을 찾아 바람을 가르고
거친 파도를 탄다

너의 곁에 남기 위해
너에게로 가기 위해

우유니 사막

당신은 거울이다

세상에서 가장 넓은 거울 위에서
나는 자전거를 탄다
당신이 걸어 온 지난날도
들키기 싫었던 내 뒷모습도
꽁꽁 숨겨둔 아끼던 추억
잊고 싶은 까슬한 기억까지
엑스레이 통과하듯 투명해진다

하늘도 숨을 곳 찾지 못해
풍덩풍덩 몸을 던진 거울 위
잉카인이 걸어갔던 그 길을 따라
구름 별 새들도 음소거를 한다

일 년에 딱 일 센티만 허락받은
선인장의 까칠한 소유욕
바람이 뛰어다닌 성급한 발자국만 보고 따라온
풀씨의 때늦은 후회
미처 정리되지 못한 생각은
오랫동안 속을 긁어대던 선인장 곁에서
키 맞춰 꽂힌 책장 속 책처럼 반듯해진다

빈센트 반 고흐의 별이 빛나던 밤에도
소슬바람이 짚고 간 쪽지문
구름속에 엎드린 나비의
깃털 떨림까지 겸손해진 그 곳
어느
눈먼 무용수가 꿈속을 유영하듯
나는 자전거 페달을 밟는다

장수비결

붉은 술을 빚는다

버려지는 자와 떠나가는 자
지킴을 받는 사람과 남아야하는 사람
기대어 사는 자와 스스로 뿌리 내린자

늦게까지 웃는 너는
얼큰하게 취기 오른
나뭇가지 흔들리듯
살아온 역사를 목구멍 속으로
홀짝홀짝 털어 넣는다

부서진 후회와 한 숨
그늘은 짧아도 쉼은 길어
해묵은 바람을 등에 지고도
휠지 모르는 시간을 발효시키면

묵직하게 피워낸 지혜
백 년을 살아낸 병솔나무 장수비결이
바투바투
장수 꽃술 부풀린다

붉은 술을 마신다

귀뚜라미 사모곡

오월의 신부처럼
유난스레 고운 달빛
처마 끝에 매달린 드레스인 양
아찔한 햇살 가으내 닦아
굽은 허리 추스르는

벼 이삭 노랗게 철들 때면
참새 날개 빌려
무단 횡단한 조급한 마음
귀뜨르귀뜨르귀뜨르
환장하게 토해낸다

경주로 신혼여행 가던
우등열차 세 번째 칸
삶은 계란과 사이다
또르르 뚜르르
목울대 넘기는 풋사랑같이

떼창하듯 쳐들어 와
또르르 또르르 또 뚜르르
한 소절씩 나눠서
이 집 저 집 창문 앞에 두고 가는게

너였구나? 너였어

고정관념을 깨다

손가락 한 마디 크기의
무게로 피어난
당신은 백록담의 선언이다

제주 한라산 구름 아래
혀가 핥고 간 칼바람에도
목에 힘 팍 주고
방석 꿰매듯
바위틈 계절을
꼿꼿하게 버티고 서서

리그닌과 나이테 모두 갖춰
풀과 나무 구분의
고정관념까지 박살낸 당신

이름값 하는 기네스북에서
헛기침 한 번에도
젊은 시절 줄줄이 펼치고 나오는
한라산 백록담

세상에서 가장 작은 암매나무 거목이 산다

부모

물왕리저수지 왼손에 쥐고
돌아 나오는 아찔한 언덕
노란 물결 쓰나미처럼 덮친다

큰금계국
햇볕 쫓아 종종종
피난 가듯 몰려와

가녀린 허리
바람결에 저당잡히고
골절상으로 허둥대는
아우성 고막을 찢는다

아스라한 비탈 길
누렇게 질린 얼굴들
꺾기고 부러진 발목의 비명에도
자식들 손은 꼬옥 움켜쥐고 있다

제4부

「그리움」 2023. 환경미협 전시작

시 앓이

혼자다

외롭다

목이 마르다

가볍다

감추고 싶은 부끄러운 민낯
은유와 상징과 비유로
화장하듯 떡칠해도

아직도
오소소
춥다

아버지의 지게

헛간 옆 낡은 창고 속
하지 정맥으로 퍼런 심줄 불거진 장딴지
작대기에 기대
끈끈한 담뱃잎 켜켜이 지게에 올렸을
근육질의 우람한 아버지 떡하니 버티고 서 있다

구부정한 좁다한 산길로
짐을 나르기엔 지게만 한 게 없었던 시절
기우뚱한 등뼈 곧추세우며
고단한 하루의 노동을 끌고 올랐을 아버지
지게에 매달린 가족의 생계가 숨찼다

발을 헛디딘 바람은 아버지 기억 움켜쥐고
뒤란 장독대를 기웃거린다
주인 잃은 삽 한 자루 멍하니 서있는 토방 위
발 껍질같은 낡은 고무신 속에
곰팡이 핀 아버지 발가락이 떠나지 못하고 웅크리고 있다

이제는 누워서 지내는
다리 꺾인 지게의 파리의 눈빛 속에
아버지 삶 닮은 질경이 새초롬이 피어
보퉁이 하나 들고 시집 온 댕기머리 엄마 생각하는지
꿈꾸듯 눈만 껌벅이고 있다

발다닥의 넋두리

입 닥치고 길 재촉하는 건
납작해지는 불평을 잊어서가 아냐
길들여진 성실함 때문이지

도망치는 비겁한 삶에
우아한 변명을 찾으려는
먼지의 노력을 찬양하다
물집을 덤으로 받았던 날
허리가 휠 것 같은 통증은
오랜 습관의 복종 같았어

그러다
하늘 한번 쳐다보는 호사를 누린 날이면
샛길만 찾아 걸으며
파란 하늘 조각을
단물빠진 껌처럼 오래도록 오물거렸지

빼꼼 열린 양말 틈으로
촉촉한 햇빛을 찍어 먹는
아득한 꿈속을 유영하다
하늘 반대편
초록을 그리워하는
새로운 버릇이 생긴 건 그날부터였어

하늘마저
좀처럼 찌뿌린 인상을 펴지 않던 날
바닥을 밀고 일서서는
물렁한 설움 주머니에 숨기고
너를 만지듯 걷다
겨울 햇볕에도 고집스런 살얼음 냇물을 건너며
내일로 가는 열쇠는
그저 조건 없는 사랑이란 걸 알게 되었지

잠시 길을 잃어도 좋을 것 같은 오늘이었어

너스레 & 시치미

그립다 말하면
쑥스러워
그냥
시치미 뚝 떼봤어

언 땅 들어 올린 들꽃들도
울음 참는데
반기는 이 없어도
고개 끄덕이는 나뭇잎처럼
노을 지는 걸 보며
하루를 버텨낸 나를 응원했어

시치미 떼고
널 지나쳤지만
너스레 홀로 달뜬
하루치 마음이 왈칵 쏟아졌어

누구에게도 말하지 못한
작은 안부 한 마디가
마음속에 씨앗 한 알 품던 날부터

눈을 뜨면
찻물을 끓이고
건성으로 책을 펼치고
우편함을 열었어
멀리 있는
너의 이름을 부르면
너무 가까워질까 봐

나는 오늘도
너의 이름대신 창밖만 바라봐

안부

누군가
마음에 점 하나 찍으면
그 사람의 하루가 궁금해진다

무슨 생각을 하는지
밥은 먹었는지
소소하고 작은 것들을 엿보다
저 홀로 살풋 흔들린다

서로의 다름을 보듬고
생각도 마구 웃자라

너의 온도에 맞게
홀로 마음 데우다
작아지기도 하지만

어디에 있어도

마냥

곁에 있어줄 것만 같은

설레는 사랑의 온도

그 사람의 지금이 궁금하다

물멍에 빠지다

삼대가 터 잡고 앉아
다슬기 공동육아 중인 무주구천동 계곡

환하게 손짓하는 달빛 따라
마실 나온 그녀
시집가면 그 집 귀신 되라던
친정엄마 불호령 곱씹으며 등목하고 있다

딸만 내리 셋
대 끊길까 노심초사 할머니 시집살이
대물림하는 엄마
셋째 등에 업고 첫째 둘째 손잡고
다슬기처럼 느릿느릿 할머니 지청구 헹구고 있다

우산이 되어 주겠다던 남자
지병으로 떠나버린 빈자리
도망친다고 소낙비 피해 갈 수 없어
거센 물살에 기우뚱 중심 잃고
떠밀려 갔던 지난날
잔물결에도 계곡 속 돌멩이처럼
미끄러질 때 있었다

이제는
휘몰아 도는 거친 물살
힘 빼고 죽은 듯 기다릴 줄도 알아
찰방찰방 더디게 흐르는 다슬기 시간
목구멍에 쟁여둔 서러움 토하듯
콸콸콸 계곡물 득음에도

그녀,
…… 물멍 중이다

MRI

동그란 관 속이다
영락없이 죽었다
빛 한 줄기 없는 암흑천지
움직이면 발각된다

눈 한 번 깜박이지 못한
물고기를 생각한다

고해성사 시간
십오 분

<u>드드드드드</u>
육십 년 행적 빈틈없이
캐내는 저승사자

다다다다다다

운동장에 떨어진 머플러
밟고 지나간 일
언니 사탕 슬쩍한 일
치부책을 읊는다

내가 모르고 지은 죄
네가 알고도 넘긴 죄

소명할 기회는 단 한 번
손에 쥐여준 동그란 벨하나

드드드드드드드
다다다다다다다다
저승사자 으름장 극에 달할 때

물고기 비닐 하나 눈 찌른다
번쩍
눈 깜빡이는 물고기를 보았다

넝쿨장미 말을 걸다

몇 번인가
당신 집 앞에서
머뭇거리다 뒷모습 들킨 날
넝쿨장미 곁에 심장을 떨어뜨렸다
사나흘은 더 붉게 숨찼을 연서
담장을 붙들고 기어오르고 있다

당신과 나만 아는
밀월 여행지 뜨겁던 이틀
그 여름 끝자락까지
빠짐없이 메모했던 너는
한참을 앉았다 일어서고
비스듬히 기대있다 몇걸음 못가 돌아설때도

벌만 찾아들면 소문내기 바쁜 꽃들은
딴청피듯 눈치만 보는데
정많은 너는 까치발 들어
툭 툭 어깨를 친다

당신에게
혹은 나에게
마음뜰 함께 거니는 것은
수십 통의 연서보다
집 앞을 서성이는 순정보다
심장을 떨어뜨리는 거라고 말하는 것 같았다

큰콧방울새

당신은 단역배우
너무 건조하지 않게
칠 년 연습생 딱지 떼는 날
멜로드라마를 찍어요

조금은 달 뜨고 싶어
초대손님으로 오는 그녀 길목에
달달달 외운 대사 깔아두었어요

가슴 먹먹한 노랫말
그녀 화들짝 놀라지 않게
초록색 무대도 꾸밀거예요
목울대 한 올 한 올 빗질해 세우고
주름은 수평으로 곧게 펴
등을 다림질해요

막이 오르기 전
사랑스러운 그녀 눈빛 떠올리며
꼬리 끝에 자신감을 줄 때
분장은 끝나요

당신은 단역배우
휘파람 신호 꽃가루 날리듯
한 옥타브 높게 깔리면
관객 입장시켜 주세요

어머
막이 오르나 봐요
흑야의 어둠 속에서도
당신 눈에는 두근두근 그녀만 보여요

빈자리

평소 눈길조차 받은 적 없는
뒤통수가 거울을 본다
소슬바람에도 뿌리 흔들리는
황망한 마음 알아 달라고
거울 목을 비튼다

푸릇한 솔잎처럼 빼곡한 숲
시린 마음 부비다가
젖은 한 숨 삼키다가
한 올 한 올 뿌리채 떠나는 동안

된서리에 잎 떨구고
덩그러니 남아있는 빈터전
풀조차 등 돌린 사연 궁금하여
거울 닦달한다

자식 둘 키우고
억척스레 사는 동안
한 쪽으로 기운 마음
가끔은 둥근 생각하다가
그늘진 곳도 살피고 돌아보라고
햇살은 탈모제 뿌리듯
두 팔 쭉 뻗어
거울 목덜미 쓰다듬는다

카네이션

먼 길 떠난 당신의 향기를
목 빼고 기다리는 앞산 언덕
마중 갔다 헛물켜고 돌아설 때면
얼빠진 노을도
가다 서다 괜스레 울상입니다

해마다
오늘만 기억하는 고집스런 꽃
한 아름 꺾어들고
끝없이 올 빠져나오는 스웨터처럼
하얗게 밀린 이야기
밤새워 풀어내고 싶지만
당신은
얼굴 보여줄 생각 없어 보입니다

마음이 한 마디쯤 덜 자라
맘 놓고 안아보지 못한 당신 가슴에서
속절없이 붉어야만 했던 카네이션은
그리워서 그립다 말만 하다
저 홀로 젖습니다

공범

집앞
손바닥 반만 한 밭뙈기
삭발하고 모자락스럽게 돌아서
좀 쉬엄쉬엄 가자고
영감 주저앉히듯 다리 걸어도
어기적어기적 불평없이 얼어서는
엄마 몸뻬 바지 같은 부추
아무래도 짝사랑이 분명합니다

고무 다라 질질 끌며 퇴근하는 일몰
발목 잡고 늘어지다
노을 원성 붉게 퍼져도
딸년들 월사금 주고 돌아서면
가발공장에 머리카락 팔아넘기듯
싹뚝 잘라 장터로 가십니다

빈혈 간기능 혈액순환
그라고 뭣이냐
정력에 겁나게 좋아분당께
어설픈 호객꾼 구렁이 담 넘기듯
세상 순진한 아낙네 꼬드겨
이집 저집 팔아 넘기고 돌아서면

하얀꽃 맺을 꿈꾸며
득달같이 달려나간
몸빼바지 코 고는 소리가
잠든 부추 싹뚝 깨워도
월사금 받는 솔솔한 재미에
딸년들 쉬쉬 공범자가 됩니다

한도초과

번호표 들고 순서 기다리는 사이
걸려온 반가운 친구 전화
깜박깜박 까먹는 일
물먹듯 한다는 말 사이사이
어쩜 너도 그러니?
나도 그래 나도

딩동딩동
번호표 호출소리 맞춰 맞장구치다
은행 볼일 까맣게 잊고
집으로 돌아온 날

깜빡 병에 효염 있다는
가을볕 속 꽉 채운
원지 천마 석창포 살살 구슬려
주리를 틀 요량으로 형틀에 앉혔다
뼛속까지 탈탈 털리기 전에
숨겨둔 비책 죄다 쥐어짜라고
주전자 가득 물고문에
불고문까지 해댄다

살점 뜯기고
사지 흐물흐물 가을볕 게워낸 자리마다
내일 할 일 유성펜으로
꾹꾹 눌러적어
냉장고 신발장 거울앞에 붙여두고
서슬퍼런 고문관 마지막 경고장 날리듯
이래도 까먹을래?
비장하게 돌아섰는데
하얀 혀 내밀어 놀려대던 주전자
얼굴 흑빛이 되었다

미래지향적

두고보라지

너에게 가기 위해 헐어 쓴 마음 조각
곪은 갈비뼈 하나씩 빼
꼭 기억해야 할 다짐
동굴 속 벽화로 새긴다

수시로 넘어지면서 단단해진 후회
여러 날 건조한 발톱 밑
한 톨 남은 더운 마음까지
깻단 털듯 탈탈 털어낸다

세모난 바퀴로 굴러가던
어둑신한 그해
얄팍한 발밑은 자주 체해서 쿨럭거렸고
모로 선 마음 깎아내기도 버거웠다

이미 차가워진 마음
파레시아*를 잘근 씹어 꿀꺽 삼키고
소실점 하나 뱉어 겁박하면
하얗게 질려 입안에 맴돌던 말

두고 보라지

*진실을 말하기

색이 말을 걸어 오는날

잠긴 창문 두드리며
말을 걸어오는 파란 아침
허겁지겁 달려오다
젖은 마음결 스친
회색은 웃지 않아도
몸을 낮추어도 들킨다

산책길
오래된 엽서처럼
초록이 발목을 잡으면
믿고 기다려준 옛 친구가
아련하게 떠오르고

잰 걸음으로
먼저 일어서는 사랑을 배웅하며
어깨 들썩이는 보랏빛 흐느낌은
눈 부릅뜬 채 죽은
철 지난 가슴 열어젖혀
뻑적지근하게 붉었다

트라이앵글

완전체를 만들기 위해
모서리 두 개가 음성행 버스를 탄다

하루 다섯 번
시간을 배달하는 그곳에는
모서리 하나가 산다

꽃이 피고 지고
더위를 게워내며
밤마다 별이 수선스럽던 가을 눌러 담고
손바닥 흔들어 가며 숙성시킨
겨울 녹이려 모서리 두 개가 간다

사랑한다는 것은 그저 끌어안는 것
따로 있으면 쓸모없는 고철
금이간 모서리 하나
손 맞잡으니
그리움으로 트라이앵글 완성된다

제5부

「보물 1호」 2014. 개인전 전시작

파문

커피의 온도에서
방금 내린 어둠이 짙어진다
여름밤 쏟아낸 그리움은
밤하늘에 박혀
자꾸만 쓴맛인 듯 목에 걸렸다

돌이킬 수 없는 말을 던져놓고
속절없이 끓어오르는 서두름
그것은 거친 말들이
켜켜이 접혔을 때 내는 반성문같이
시큼 달큰짭쪼름 했다

머그잔 가득 파스텔로 긋고
사랑이 너에게 번질 수 있게
가슴을 문지른다
방금전까지의 혼돈이
처음부터 없던 일처럼 부드럽게 퍼진다

오후 그림자에게

토탁토닥 사랑해

마음이 미끄러지는 오후
햇살이 거실 끝을 쓰다듬는다

시집을 펼치다 말고
생각도 그 언저리에서 덮는다
펼치다만 생각은
꼭
읽다만 페이지처럼
책갈피로 여운을 남긴다

말보다 오래 머무는 것들 틈에서
벽을 타고 내려오는 그림자
어느새
무릎까지 걸어와 서성인다

혼자 고이는 일이
외로움만은 아니란걸 알게 된 나이
나는 이제
한낮의 수선스러움과 마주 보기로 한다

말을 잃어가는 오후
옆에 있어준 그림자 하나
내 등을 토닥여주는 것 같은
위로가 되는 날

토닥토닥 고마워

못다한 말

마음 급한 발 보다
그림자가 먼저 자라는 오후
날 저물기 전에
얼굴 한번 보려고 숨찼는데
늘 나보다 앞서
그늘이 되어 주던 당신 보낸 후에야 알았다

그때는 엄마가 되면
군살이 저절로 생겨
닿지 않는 무쇠인 줄 알았는데

당신을 찌르면
내 가슴에도 가시가 박혀
나는 서운했던 것만 옹이로 남았고
당신은 미안했던 것만 사무친다

먹구름이 잔뜩 투정부리던 날
눅진 당신 가슴에 기름 부어놓고
성냥불 긋던 모자란 손가락들이
못다 한 말이 남아 있어
현관 두드리는 바람 소리에도
입부터 열어젖혔다

그래서였구나

섣달,
까치밥으로 남겨진 대봉 한 알
하늘과 가장 가까운 꼭대기층에서
겨우 앞가름 하던 내가
당신 향해 손 뻗은 이유가

한발의 차이

괜찮아지고 싶어서
멀리서 부는 바람
잠깐 스친 햇살 한 조각도
염치없이 좋았다

이 정도는 욕심내도 될 줄 알았다

무너진 경계에
서 있다고 느낀 순간
겨우 한발의 차이
마음이 차가워진 후에야
선을 넘은 발끝이 보였다

함께 한 날들이
봄날 스친 바람 같아서
손잡고 함께 익어가고 싶은 바램이
깊고 간절해서
보고 싶은 것만 보고 말았다

여름날
우산없이 만난 소나기처럼
슬픈 기억을 상기시키는 너여서
미워하는게 너무 힘 들어서
도망치지 않기로 한다

이제는
괜찮아지고 싶어서

연주를 부탁해

발작하듯 아침을 깨우고
웃음도 먼저 배달 온 당신

아직은
백지위 오선지로 있는 우리 사이
오늘 하루 연주를 부탁해

속마음 한 줄씩
알콩달콩
건반을 두드리는 오선지 위
음표들의 심쿵한 춤사위

서로 다른 음이 부딪히고 어우러져
낮은 음은 날고
높은음은 아래로 향한 시선

온음표로 기대로 싶은
속 깊은 쇼파같이
어딘가에 있는 파나 솔쯤
비밀을 가득 숨겨둔 다락방 같은
적바림 악보

오늘 하루 연주를 부탁해

가을

여름을 덮고 누웠습니다

타이어 바람 빠지듯
축 처져 있는 것조차
애쓰며 해야 하는 의욕 없는 날
심드렁한 땀방울 홀로
부지런을 떱니다

닦아내는 일보다
흐느낌이
늘
한발 앞서
그냥 손 놓고 있기로 합니다

줄거리 연결되지 않는
토막 난 일정은
펄럭이는 위로만 부채질하듯
눅눅함을 말리고 있습니다

이제 그만 울어도 된다고
이제 그만 잊어버리라고
땀띠난 몸 구석구석 닦아주며
뺨 어루만지듯 안아주던 당신

곱셈으로 푸르름 부풀리며
뛰어오고 있을 것만 같아

못 견디게 그리운 이유입니다

먼지버섯 날다

쭉쭉 뻗은 아파트 숲
촘촘한 생각 틈 사이
후
불면 날아갈 것 같은 구순 할머니
마주보는 것도 송구스럽다는 듯
쭈그리고 앉아
그늘을 데우고 있다

저녁 일곱시 종종종 뛰어가는 일몰
한 웅큼 손바닥에 올려놓고
여섯 자식에게 고루 나눠 담는데
접다 남은 아픈 손가락 하나
따끔따끔 명치를 찌른다

제발
돌아보지마

이제는
무릎과 무릎사이
조이지 않아도 괜찮다고
일회용 밴드 같은 산들바람 따라
호 - 호
발끝 세우며 간다

메꽃 수다방

우리 막내 맞어?

그래그래

언니 이름에 갇힌 나를 찾고 싶어

닮은 듯 다른 눈매
다른 듯 닮은 입술
순하게 생긴 콧날
조곤조곤한 말투
하늘하늘한 몸선까지

자주 마주치는 익숙함이
어깨를 툭툭 칠 때
충동구매 같은 언니들
수다란 걸 알았다

여러 날
꾹 꾹 눌러쓴 편지
왼쪽 옆구리에 찔러 주고 달아나던
옆집 머스마의 떨리는 손끝처럼
저절로 붉어진 마음
콩닥콩닥
나팔꽃 봉우리 터진다

그림자 길게 누운 여름 들녘
햇볕 잔소리에 꾸벅꾸벅 졸고 있던
극성스런 언니들
발바닥 밑에 밀어 넣은
하얀 편지 보따리 풀어 때창을 한다

그래그래그래그래

자투리 휴休

바투바투 뜀박질하는 시계 초침같이
연극 동화 구연 동극 그림 글쓰기 봉사활동
요일별 취미 생활이
비틀대다 끝내 발이 꼬여 넘어진다

밴드를 달고 사는 하루는
무게를 견디지 못하는 것부터
발목을 꺾기 시작하고
내성은 항생제 마냥
소심한 의욕마저 질책한다

지금은
가지치기할 정원사가 필요할 때
곁가지로 싹튼 일정 싹둑
두세 개쯤 부러 뜨려야 한다

아껴둔 비상약 꺼내듯
언제 넣어두었는지 기억조차
아득한 너를
꽁꽁 얼린 냉동고에서 꺼내 해동시킨다

쉿,

아주 드물게
아침부터 우물거린 하루가
A4용지 한 장을 채우기도 전에
깊은 잠에 빠진다

연애 상담소

사랑이 고장 난 순서대로
번호표를 뽑는다

핸드백 속 우산의
불안 같은 일기예보처럼
하이힐을 신고 오른 사다리
늙은 경험치 일러주던 당신이
잠깐
기웃거린 실바람에도
조마조마한 떨림을 보이는 연애 상담소에

창문 할퀴며 울부짖던 바람
잠시 숨 고르는 동안
산허리 붓질하던 비가
구멍난 사랑을 바삐 메운다

밤새
혼자 써 내려간 소설이
까맣게 타들어간 애간장 같은 먹구름 밀어내면

핸드백 속 우산도 긴장풀고
동그랗게 몸을 말고 나온
무지개 이불 덮고 숙면에 빠진다

건망증

잡기도 전에 놓쳐버렸어
움켜쥔 손마저 기억을 잃었지
아득한 기억 저편 토막 난 길들이
도마뱀 꼬리처럼 흔들리고 있어

망각 뒤로 숨어버린 흔적은
시치미 뚝 떼고
왔던 길을 다시 돌아가
헨젤과 그레텔*이 떨어뜨린
빵조각을 물고 간
개미의 잠행을 놓치지 말아야 해

조각난 퍼즐 조각을 맞춰야만 해

매듭으로 묶어 놓은 보따리 속
사라진 해마 뒤로
유통기한 지난 망각이
깨물고 간 이빨자국만

미로를 더듬던 알리바이처럼 선명하다

*헨젤과 그레텔 동화제목

창 너머로 흐르는 시간

유리창 너머
초록빛 바쁨조차 부러운 시간

누군가 손 흔들어 웃어주면
너무 살고 싶어서
무너지는 날이 있다

주삿바늘은 무기력한 길을 더듬어
내일을 펌프질하는데 숨차고
복도 밖 서성이는 웃음틈으로
돋보기를 써야만 궁시렁대는 통증들이 보인다

물이 가득 찬 양동이를
머리에 이고 걸어가듯
생각만 출렁이는 머릿속

유리창 너머 쨍한 햇볕이 도란도란 입방아 찧다
눈꼬리 끝에 살짝 겸손을 감으면

끓는 냄비에 찬물 한 컵 붓듯
마음의 온도도 차갑게 가라앉아

창문 너머에 두고 온 애틋한 기억이
아코디언처럼 접혀진다

신발

투정 한 마디 없이
당신을 데려다주던 너였다

당신은 너와 함께
비 오는 골목을 걷고
눈 내리는 새벽을 달렸다

누구에게도 보이지 않고 싶은 길을
누구에게라도 닿고 싶은 마음으로
가끔은
어디로 가야 할지 몰라 멈춰 서기도 하면서

발자국 위에 빛을 만들며
오래 걸어 온 너
굽은 닳고 끈은 너덜거렸다

폭죽 터지듯 빛났던 사진첩 속 당신 모습처럼
노오란 유채꽃 향 아련하게 남아 있는
얇아진 너의 기억도 함께 저장한다

당신이 버리기 전에는
당신곁 떠난 적 없는 너의 꿈은

아직도
길 위에서
문지방 넘지 못한 봄을 기다리고 있다

마른풀의 노래

쪼글쪼글
물기 뺀 낙엽들
참사랑 요양원에
앉은뱅이 밥상처럼 둘러앉았다

연지곤지 잼잼 박수
떡 하나 주면 안 잡아먹지
내 나이가 어때서
꽃분이 선생
떡순이 선생
신나라 선생 찾아와

마른 검불처럼
가벼워진 껍질 속으로
깊게 숨어든 기억을
더 늦기 전에
잘게잘게 흔들어 깨운다

염주를 꿰듯
한여름 햇볕 같은
따가운 시간들
길가 들꽃으로 놓아주면

여름날에 베이고
종일 달리고 걸어도
동동거린 하루가
단풍 절정일 때도 모르고 지나쳤던
목마름 끝에 매달린 물방울같이

낙엽의 일생을
침묵으로 우려내고 있다

「발문」

빛과 어둠 사이, 존재의 결을 쓰다

김미희(소설가, 에디터)

    이 시집은 오후의 빛이 길게 늘어진 그림자처럼, 삶의 반짝임과 그늘을 함께 담아낸다. 이혜란 시인은 일상의 사소한 순간에서 출발하여, 그것이 내면의 풍경과 어떻게 맞닿아 있는지를 섬세하게 표현했다. 꽃잎이 젖는 소리, 오래된 골목의 냄새, 창가에 드리운 빛의 결을 감각적 이미지들로 시인의 언어를 통해 새롭게 번역되어 독자에게 전해진다.
    시인은 '침묵의 결'을 읽어내는 힘이 있다. 화려한 수사보다는 마치 한 컷의 사진처럼 절제된 장면 속에 깊은 감정을 숨겨놓는다. 그 속에는 소멸과 생성, 상실과 회복이 얽혀 있으며, 독자는 그 여백 속에서 스스로의 이야기를 꺼내놓게 된다.

    또한 시인은 삶이 본래 지닌 불완전함을 긍정적 사고로 극복하고 낮과 밤, 빛과 어둠, 만남과 이별이라는 양극의 이미지를. 때로는 고요하게, 때로는 뼈에 사무치게 읽는 이로 하여금 '그림자'의 자리에 서서 세상을 바라보게 만든다.

이 시집의 초반부에서 시인은 사물과 자연을 관찰하는 촉수를 길게 뻗는다. 창가에 머무는 오후의 빛, 바람결에 떨리는 나뭇잎, 먼지 쌓인 골목의 냄새 같은 구체적 이미지들이 반복적으로 호출되며, 독자는 그 세밀한 감각의 결을 따라 시인의 시선 속으로 들어간다. 이는 단순한 묘사에 그치지 않고, 일상의 장면을 '존재의 질문'으로 변환시키는 일종의 변주법이다.

중반부에 이르면, '그림자'는 단순한 배경이 아니라 화자의 내면을 드러내는 주체로 등장한다. 빛을 머금은 그림자는 '사라짐의 기록'이자 '존재의 증거'로 기능하며, 시인은 이를 통해 부재와 존재의 역설을 탐색한다. 특히 몇몇 시에서는 이 그림자가 화자와 대화를 나누는 형식으로 변주되면서, 내면의 독백이 외화(外化)되는 독특한 서정의 형식을 보여준다.

후반부로 갈수록 시어는 더 응축되고, 의미의 결은 더 두터워진다. 상실을 직시하는 담담한 어조 속에 '회복'의 가능성을 암시하는 이미지들이 배치되며, 이는 마치 긴 겨울 뒤에 찾아오는 봄의 미묘한 전조처럼 느껴진다. 이러한 구조적 흐름은 시집을 단순한 모음집이 아니라, 하나의 완결된 서사로 읽히게 한다.

시인의 눈길을 따라 우리도 오후의 햇살 아래 드리운 자기 그림자를 발견할 것이다. 그리고 묻는다. 빛이 없으면 그림자는 존재할 수 없듯, 슬픔과 기쁨 역시 서로를 비추며 살아있음을 증명하는 것이 라고. 그래서 이 시집은 단순히 빛과 그림자를 대비하는 데서 멈추지 않는다. 그것은 '그림자를 받아들이는 빛'이자, '빛을 전제하는 그림자'의 세계관이다.